KB167375

_____ 학교 ____ 학년____반 _____ 의 책이에요.

전 세계가 인정한 우리의
세계유산

　세계유산이란, '세계유산협약'에 따라 인류 전체를 위해 보호해야 할 가치가 있다고 인정되는 세계 여러 나라의 유산 가운데 유네스코에 등록된 유산을 말해요.

　최근 전 세계적으로 자연재해나 전쟁 등으로 파괴될 위기에 처한 인류의 유산이 늘어나고 있어요. 이를 미리 방지하고 보호하고자 1978년부터 유네스코의 세계유산위원회에서는 보호해야 할 가치가 있는 유산들을 세계유산으로 지정하고 있답니다.

　인류 전체를 위해 보편적인 가치가 있다고 인정하는 유산을 중심으로 지정하다 보니, 각 나라의 문화와 역사를 대표하는 유산인 경우가 많아요. 따라서 각 나라의 세계유산을 알아보는 일은 곧 그 나라의 고유한 문화를 알 수 있는 지름길이지요.

　우리나라는 현재 석굴암과 불국사, 해인사 장경판전, 종묘, 창덕궁, 수원 화성, 경주역사유적지구, 고창·화순·강화 고인돌유적, 제주 화산섬과 용암동굴, 조선왕릉, 한국의 역사마을 : 하회와 양동, 남한산성, 백제역사유적지구, 산사 한국의 산지승원, 한국의 서원이 등재되어 있답니다. 그리고 세계기록유산으로는 훈민정음, 조선왕조실록, 직지심체요절, 승정원일기, 조선왕조 의궤, 해인사 고려대장경판 및 제경판, 동의보감, 일성록, 5·18민주화운동 기록물, 난중일기, 새마을운동 기록물, 한국의 유교책판, KBS특별생방송 '이산가족을 찾습니다' 기록물, 조선왕실 어보와 어책, 국채보상운동 기록물, 조선통신사 기록물이 등재되었어요.

　또한 인류무형문화유산으로는 종묘제례 및 종묘제례악, 판소리, 강릉단오제, 강강술래, 남사당놀이, 영산재, 제주칠머리당 영등굿, 처용무, 가곡, 대목장, 매사냥, 줄타기, 택견, 한산모시짜기, 아리랑, 김장문화, 농악, 줄다리기, 제주해녀문화가 있답니다.

　이 책에서는 우리나라의 세계무형유산 중 하나인 '강릉단오제'에 대해 알아볼 거예요.

세계문화유산

종묘

수원화성

창덕궁

고창·화순·강화의 고인돌유적

석굴암과 불국사

해인사 장경판전

경주역사유적지구

백제역사유적지구

세계기록유산

조선왕조실록

승정원일기

직지심체요절

훈민정음

조선왕조 의궤   해인사 고려대장경판과 제경판

동의보감

일성록

세계무형유산

종묘제례와 제례악

판소리

강릉단오제

세계자연유산

제주 화산섬과 용암동굴

신나는 교과 체험학습 58

신과 사람이 하나 되는 축제 **강릉단오제**

초판 1쇄 발행 | 2007. 11. 20.
개정 3판 4쇄 발행 | 2023. 11. 10.

글 김흥술 | **그림** 김경하 | **사진** 안광선

발행처 김영사 | **발행인** 고세규
등록번호 제 406-2003-036호 | **등록일자** 1979. 5. 17.
주소 경기도 파주시 문발로 197(우10881)
전화 마케팅부 031-955-3100 | 편집부 031-955-3113~20 | 팩스 031-955-31111
사진 안광선 강릉시청 영광군청 경산시청 창녕군청

© 김흥술, 2007

값은 표지에 있습니다.
ISBN 978-89-349-9308-7 64000
ISBN 978-89-349-8306-4 (세트)

좋은 독자가 좋은 책을 만듭니다. 김영사는 독자 여러분의 의견에 항상 귀 기울이고 있습니다.
전자우편 book@gimmyoung.com | 홈페이지 www.gimmyoungjr.com

어린이제품 안전특별법에 의한 표시사항

제품명 도서 **제조년월일** 2023년 11월 10일 **제조사명** 김영사 **주소** 10881 경기도 파주시 문발로 197
전화번호 031-955-3100 **제조국명** 대한민국 ⚠**주의** 책 모서리에 찍히거나 책장에 베이지 않게 조심하세요.

신과 사람이 하나 되는 축제

강릉단오제

글 김흥술 그림 김경하 사진 안광선

주니어김영사

차례

강릉단오제에 가요

강릉단오제는 우리 조상들의 오랜 전통이 온전하게 전해지고 있는 우리나라 대표 종합 축제예요. 생활, 놀이, 세시풍속 등 각종 문화를 한데 아우르고 있지요. 흥겨운 음악과 아름다운 춤사위, 굿당을 장식하는 각종 조형물과 공예품까지 강릉단오제의 다양한 행사를 둘러보며 우리 조상들의 생활과 지혜를 되새겨 보아요.

미리 준비하세요

준비물 〈신나는 교과 체험학습〉 책, 모자, 카메라, 수첩과 연필, 가방

강릉단오장으로 가요

강릉단오제의 본 행사는 음력 5월 3일부터 5월 7일까지 5일 동안 열려요. 하지만 단오 한 달 전인 음력 4월 5일에 술을 담그는 것부터 강릉단오제는 이미 시작된답니다.
그럼 강릉단오제가 열리는 강릉으로 함께 떠나 볼까요?

가는 곳 강원도 강릉시 남대천 강릉단오장
날짜와 시간

사전 행사		본 행사
단오술 빚기	대관령국사성황제	강릉단오제
음력 4월 5일 11시 칠사당	음력 4월 15일 10시 대관령 산신당 국사성황사	음력 5월 3일 오후 5시부터 5월 7일 오후 9시까지

관람료 무료
문의 전화 033-641-1593
홈페이지 http://www.danojefestival.or.kr(강릉단오제 위원회)
꼭 확인하세요
① 강릉단오제는 음력 날짜에 행사가 이루어져요. 해마다 강릉단오제 홈페이지에 행사 일정이 양력으로 나와 있으니 꼭 보고 싶은 행사를 미리 확인하세요.
② 창포 머리감기, 씨름대회, 단오부채 만들기 등의 행사를 직접 체험할 수 있어요. 강릉단오제 홈페이지를 통해 미리 예약해야 참여할 수 있어요.

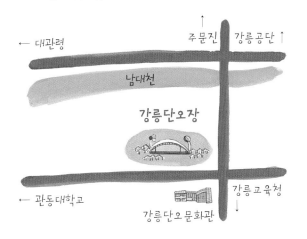

버스로 가요

시외버스나 직행버스를 타고 강릉 터미널에서 내려서 시내버스나 택시를 타고 남대천 강릉단오장에서 내려요.

승용차로 가요

영동고속도로 강릉 톨게이트로 나와 강릉 시내로 들어가서 강릉단오장 이정표를 따라가요.

강릉단오제 행사를 놓치고 말았다고요? 걱정 말아요. 강릉단오문화관에 가면 언제든지 강릉단오제를 즐길 수 있답니다. 이곳은 전시동과 공연동으로 이루어져 있는데 전시동 1층은 강릉단오제의 홍보 전시관이에요. 제사, 굿, 놀이마당 등 전 과정을 모형과 동영상으로 볼 수 있어요. 2층에서는 아시아 다른 나라의 단오와 단오 용구 등 각종 단오 자료들이 전시되어 있지요. 단오굿 악사 교육실과 전통 체험 놀이 마당 등도 있답니다. 단체로 방문할 때는 미리 연락하면 단오 음악 공연과 문화 체험을 할 수 있어요.

가는 곳 강릉단오문화관
관람 시간 월~금요일 오전 9시부터 오후 6시까지
관람료 무료 **문의 전화** 033-660-3940

휴관일 1월 1일, 설날, 추석날
주소 강원도 강릉시 단오장길 1

강릉단오문화 체험하기

가는 곳 | 강릉단오문화관, 대관령, 학산 지역
날짜 | 매년 10월~12월(홈페이지에서 확인)
대상 | 대한민국 국민 모두
신청 방법 | 강릉단오제 위원회 홈페이지에서 신청

※도시락은 따로 준비하세요.

한눈에 보는 강릉단오제

남북으로 길게 뻗은 태백산맥 동쪽에는 동해를 바라보는 강릉이 있어요.

이곳 강릉에서는 전국에서 가장 역사가 깊은 축제인 강릉단오제가 열리지요.

음력 4월 5일 신주 빚기를 시작으로 음력 5월 7일 송신제에 이르기까지 다양한 행사가

펼쳐져요. 이제부터 우리가 돌아볼 행사들이 어디에서 열리는지 미리 알아 두세요.

❷ 대관령산신제

❸ 대관령국사성황제

❹ 국사성황행차

❺ 구산서낭제

❶ 신주 빚기 | 음력 4월 5일, 칠사당에서 단오에 쓸 술을 빚어요.

❷ 대관령산신제 | 음력 4월 15일, 대관령 산신당에서 산신에게 유교식 제사를 올려요.

❸ 대관령국사성황제 | 음력 4월 15일, 강릉시장이 제사를 맡아 진행해요.

❹ 국사성황행차 | 음력 4월 15일, 제사를 마친 다음 신목을 들고 대관령 산길을 돌아 내려와요.

❺ 구산서낭제 | 음력 4월 15일, 구산서낭당에서 굿을 하고 점심을 먹고 쉬어 가요.

❻ 학산서낭제 | 음력 4월 15일, 범일국사의 고향인 구정면 학산 마을을 방문해요.

❼ 국사여성황사봉안제 | 음력 4월 15일, 홍제동 국사여성황사에서 부부 신을 함께 모시고 제사와 굿을 해요.

❽ 영신행차 | 음력 5월 3일, 영신제를 올린 다음 국사성황과 국사여성황의 위패를 들고 남대천 제단으로 가요.

❾ 단오제 | 음력 5월 3일부터 7일까지 제사와 굿 등 각종 행사가 벌어지고 장이 서지요.

❿ 송신제와 소제 | 음력 5월 7일, 부부 신을 다시 국사성황사와 국사여성황사에 보내는 제사를 지내고
　　　　　　단오장에서 그동안 썼던 신목, 신위 등을 태우고 행사를 마쳐요.

❼ 국사여성황사봉안제

❶ 신주 빚가

남대천

❽ 영신행차

❾ 단오제

❻ 학산서낭제

❿ 송신제와 소제

모두가 하나 되는 강릉단오제

옛날 우리 조상들은 대부분 농사를 짓고 살았어요. 그래서 농사가 잘 되기를 바라는 마음으로 동네 사람들이 모여 각종 기원제를 지냈어요. 강릉단오제에도 그런 우리 조상들의 바람이 그대로 담겨 있지요. 우리나라에는 1000개가 넘는 축제들이 있는데, 강릉단오제는 그중 가장 오래 된 축제예요. 그리고 옛 모습이 그대로 지켜지고 있는 단 하나뿐인 축제랍니다.

예부터 강릉단오제는 양반과 농민, 어민과 상인, 노비가 함께 어울리는 축제였지요. 오늘날에도 강릉을 포함한 영동 지역 사람들과 전국 각지에서 모인 사람들이 하나가 되는

축제예요. 강릉단오제의 가장 큰 특징은 모든 것을 아우른다는 것이에요. 종교적으로는 유교와 불교, 도교, 무속 신앙이 한데 어우러진 독특한 양식이에요. 그리고 축제에 참가하는 사람들도 농사가 잘 되기를 바라는 사람, 고기가 많이 잡히기를 바라는 사람, 흥을 돋우며 난장의 흥행을 기원하는 사람까지 가지각색이지요. 그래서 강릉단오제는 모두가 하나 되고 역사가 오래된 축제라고 할 수 있어요.

강릉단오제를 구경하기 전에 강릉단오제에 관해 여러 가지를 알아보아요!

강릉단오제, 어떻게 시작되었을까?

언제부터 강릉단오제가 시작되었는지는 아직 정확히 알려져 있지 않아요. 단지 옛 기록을 보고 천 년이 넘게 이어져 온 전통 축제라는 것을 짐작할 뿐이에요. 과연 역사 속의 강릉단오제는 어떤 모습이었을까요?

문헌에 나타난 강릉단오제의 기록

강릉단오제는 옛 문헌 속에서 여러 기록들을 찾아볼 수가 있어요. 가장 오래 된 기록은 《삼국지위서동이전》이라는 책이에요. 여기에는 동예라는 나라에서 10월에 무천이라는 축제를 하였고, 삼한에서 오월제와 시월제를 지낸다고 쓰여 있어요. 그리고 고려 시대 역사 책인 《고려사》에는 대관령 성황사에서 제사를 지낸 이야기가, 조선 시대 학자 남효온이 쓴 《추강선생문집》에는 봄에 대관령산신제를 지내며 놀았다는 기록이 있어요. 조선 시대 문헌 중 강릉단오제의 또 다른 기록을 찾아볼 수 있는 책이 있어요. 바로 허균의 《성소부부고》예요. 허균은 이 책에 자신이 직접 본 강릉단오제에 대한 내용을 남겼답니다.

▲ 문헌
옛날의 제도나 문물을 아는 데 증거가 되는 자료나 기록이에요.

▲ 동예
1세기 초에 함경남도 북부와 강원도 북부에 있던 부족 국가예요.

임영지
조선 시대 때 강릉의 모습을 기록한 역사책이에요. '임영'은 강릉의 옛 이름이지요.

강릉단오제에 대한 가장 자세한 기록은 조선 중기 이후에나 볼 수 있어요. 《임영지》라는 책에 실려 있는 기록이지요. 내용을 살펴보면 오늘날의 단오제 풍경과 아주 비슷하답니다. 굿을 하지 않으면 비바람이 곡식에 피해를 준다는 이야기도 쓰여 있어요.

강릉단오제는 어떤 어려움을 겪었을까요?

오랜 역사를 지닌 강릉단오제는 김유신을 비롯한 강릉의 열두 신을 모셨지요. 그런데 1890년대에 새문물이 들어오면서 낡은 풍습이라고 여겨 열두 신을 땅속에 묻었어요. 그 뒤 일제 강점기에 일본이 강릉 시내에 있던 대성황사를 헐고 강릉단오제를 금지하면서 내용이 훼손되기도 했어요. 하지만 다행히도 강릉의 상인들이 어렵게 맥을 유지해 왔지요. 원래 강릉단오제는 관청을 중심으로 시가지에서 하던 행사였어요. 그런데 일제 강점기 때 감시의 눈을 피해 행사를 이어오다 보니 남대천 강가에서 행사를 하게 되었고 그것이 오늘날에 이르렀답니다.

일본이 우리나라의 전통과 문화를 말살하기 위해 강릉단오제를 없애려고 했어.

맞아! 그렇지만 강릉의 주민들이 어렵게 지켜 낸 덕분에 아직도 축제가 이어지는 거야.

일제 강점기 때의 강릉단오제
일제의 눈을 피해 강릉단오제 장소를 남대천 둔치로 옮겼어요.

강릉단오제를 왜 지낼까요?

우리나라 4대 명절

설, 한식, 단오, 추석을 가리켜 우리나라 4대 명절이라고 해요. 새해를 맞이하는 첫날인 설날은 우리나라의 가장 큰 명절이에요. 조상을 찾아 성묘하고 차례를 지내지요. 그리고 한식은 동지로부터 105일째 되는 날인데 역시 조상을 찾아 성묘하지요. 단오는 음력 5월 5일로 여러 지역에서 단오제를 지내고 있어요. 마지막으로 음력 8월 15일은 추석이에요. 한식이나 단오가 중국에서 유래된 것에 비해 추석은 우리나라 전통 명절이랍니다. '한가위'라고도 하지요.

단오는 음력 5월 5일로 우리나라 4대 명절 중의 하나예요. 우리 조상들은 이날을 해의 기운이 가장 센 날로 여겨 으뜸 명절로 지내 왔어요. 단오를 순 우리말로는 '수릿날'이라고 하는데, '수리'란 말은 높고 고귀함과 신을 의미하는 옛말로 일 년 중 최고의 날을 뜻해요.

왜 단오 때 제사를 지낼까요?

추위가 늦게까지 계속되는 북쪽 지방은 단오 때가 되어야 날이 따뜻해져요. 그래서 북쪽 지방에서 단오를 더

강릉단오제의 기원
강릉에서는 다른 지역으로 가기 위해 대관령 고개를 넘어갈 때 무사할 수 있도록 신에게 제사를 드렸어요. 그러던 것이 오늘날의 강릉단오제에 이르게 되었어요.

욱 즐겼어요. 단오 무렵이면 본격적인 농사가 시작되었거든요. 단오 행사를 통해 한 해의 농사가 풍년 들고, 다가올 여름 더위를 잘 이겨 내어 건강하기를 바라는 풍속과 민속 놀이가 유행했지요.

한때 영동 지역의 행정 중심지였던 강릉에서 다른 지역으로 가려면 반드시 대관령을 넘어야만 했어요. 그래서 바로 이 시기에 민관이 함께 모여, 험악한 산세와 산적에게서 보호 받고 농사와 어업이 잘 되게 해 달라고 대관령의 신에게 부탁하는 제사를 드렸어요. 그것이 바로 강릉단오제랍니다. 오늘날의 강릉단오제는 이 제사 풍습을 그대로 지켜가고 있답니다.

강릉단오제가 시작되면 전국에서 어머니들이 단오제단에 찾아와 기원하는 모습을 볼 수 있어요. 우리 어머니들이 바라는 것은 무엇일까요? 그것은 아마 자녀의 건강과 행복, 이웃과 어울려 즐겁게 살기를 바라는 작은 소망일 거예요.

민관
일반 백성과 나랏일을 돌보는 사람들을 함께 이르는 말이에요.

우리 가족 모두가 즐겁고 건강하게 해 주세요. 옆집 순이네도 행복하게 해 주세요.

기원하는 어머니들

여기서 잠깐!

여러분의 소원은 무엇인가요?

강릉단오제단에 찾아와 기원하는 어머니들처럼 여러분 자신이나 가족, 친구, 우리나라, 혹은 세계를 위해 원하는 것을 써 보세요.

❶ _____

❷ _____

❸ _____

정답은 56쪽에

강릉단오굿은 어떻게 할까요?

굿은 민간 신앙의 하나로 노래와 이야기, 춤, 음악, 그리고 재미나는 연극의 형태로 펼쳐진답니다.

사람들은 굿을 왜 하는 걸까요? 주위의 부정을 없애고 신들을 불러 함께 즐기고 놀며, 한 해 동안 시민의 안녕과 풍년을 기원하기 위해서예요. 강릉단오제 굿도 마찬가지예요. 그런데 강릉단오제의 굿은 유교식 제사와 굿이 한데 합쳐져 있어요. 이것이 바로 강릉단오굿의 특징이에요. 본격적인 행사가 시작되면 무녀가 대관령국사성황신 부부와 신목을 모시고 닷새 동안 굿을 하는데, 이를 강릉단오굿이라고 해요. 대부분 동해안 지역의 어촌 마을들이 하는 굿과 비슷하지만 규모는 강릉단오굿이 으뜸이지요. 무녀들은 노래와 춤, 재미나는 이야기로 굿을 하고, 화랭이는 악기를 연주하지요.

▲ 화랭이
남자 무당인데 양중이라고도 해요.

여러 가지 단오굿

강릉단오굿에는 여러 가지가 있어요. 부정을 없애는 부정굿, 태평을

무녀가 사용하는 굿 도구

굿을 할 때 사용하는 도구는 굿마다 약간씩 차이가 있어요. 강릉단오제에서 무녀가 사용하는 도구를 한번 볼까요?

제금
무속 음악에서 중요한 역할을 하는 북 대신 쓰는 타악기예요. 불교에서는 '바라'라고 해요.

신칼
무녀가 굿을 할 때 점을 치거나 귀신을 쫓는 데 사용하는 칼이에요.

달비
가발 같은 머리나 빨간 댕기를 가리켜요. 강릉단오제에서는 무녀들이 머리에는 빨간 댕기를, 이마에는 흰 천을 둘러요.

빌고 신을 즐겁게 하는 성황굿, 신을 모시는 청좌굿, 화합을 바라며 여러 신을 부르는 하회동참굿과 조상굿을 해요. 그리고 풍년을 비는 세존굿, 산신굿, 각 가정의 행복을 비는 성주굿, 건강과 장수를 비는 칠성굿, 나라의 안녕을 비는 군웅장수굿, 풍어를 비는 심청굿이 있어요. 또 복을 비는 천왕굿, 병마를 막기 위한 손님굿, 무당들의 조상을 부르는 제면굿, 영혼들을 위한 꽃노래굿과 뱃노래굿도 있

꽃노래굿
무녀들이 굿당에 모셨던 꽃을 하나씩 들고 나와 노래하고 춤추는 굿이에요.

답니다. 이뿐이 아니에요. 성황을 보내는 등노래굿과 단오굿을 마무리하는 환우굿 등이 있어요. 굿의 종류가 참 많지요? 이 모든 굿들이 강릉단오제 때 펼쳐진답니다.

신을 맞이하는 호개등

　강릉단오제가 열리는 동안 사람들은 어떻게 신을 맞이할까요? 바로 호개등이 있어서 가능하답니다. 호개등은 등 안에 불을 켜는 것이 아니라 높이 매달아 강릉단오제단을 알리는 표시 같은 것이에요. 신이 단오장을 쉽게 찾아올 수 있도록 표시한 것이지요. 그래서 굿을 하는 굿당 바깥에 걸어 둔답니다. 영신제 때부터 단오제가 끝나는 날까지 호개등이 신과 사람을 이어주고 있지요.

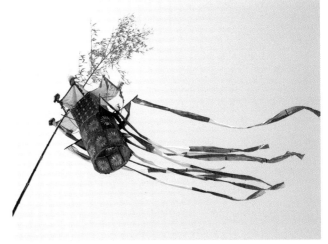

호개등
굿당 밖에 걸려 있어요.

우리나라 다른 지방의 단오

그럼 우리나라에는 어떤 단오제가 있을까요? 우리가 지금 알고 있는 강릉단오제 외에도 여러 단오제가 있어요. 자인단오제, 법성포단오제, 영산문호장굿, 봉산탈춤 등의 단오 행사가 있답니다.

그런데 이런 단오 행사가 아주 큰 위기에 처할 뻔한 적이 있어요. 바로 일제 강점기 때예요. 우리나라를 강제로 빼앗은 일본이 우리 민족을 억압하기 위해 문화 말살 정책을 폈고, 이때문에 단오도 한때 사라질 위기에 처했었어요. 하지만 강릉단오제나 법성포단오제 등에서 한국 단오의 명맥을 이어가고 있지요.

▲ 명맥
어떤 것에 대해 유지하고 지키는 것이에요.

북한의 단오

북한은 기온이 남쪽보다 낮아서 단오를 추석보다 큰 명절로 여겼어요. 지금도 북한에서는 단오 때 여러 가지 명절 놀이를 해요. 탈놀이, 널뛰기, 윷놀이, 그네뛰기 등 남북한의 기본적인 단오 풍속은 같답니다. 하지만 지금의 북한 단오는 남한보다 훨씬 다채롭게 펼쳐지고 있어요. 또한 북한에서는 1989년부터 단오를 휴일로 지정해 명절로 쇠고 있지요. 남한 지역에서는 쇠퇴하였지만 북한에서는 단오를 국가적인 행사로 만들어 계승 발전하고 있답니다.

우리나라의 단오제

우리나라의 대표적인 단오제예요. 강릉 지역 외에 어디에서 어떤 단오제를 하고 있을까요?

봉산탈춤

황해도 봉산군에서 단오 때 하던 놀이로 마을의 귀신을 물리치고 평안함을 빌어요. 관아에서 경사가 있을 때나 사신을 맞이할 때도 놀이를 했어요. 1967년 중요무형문화재 제17호로 지정되었지요. 1930년대에 탈춤을 전수 받은 이동벽, 김진옥, 민천식 등이 월남하여 서울에서도 이어져 내려오고 있어요.

자인단오제

경산시 자인 지역에서 열리는 단오제예요. 신라 때 왜구를 물리쳤다는 한장군의 추모 행사로, 1971년 한장군놀이가 중요무형문화재 제44호로 지정되었어요. 1991년부터 자인단오제로 부르고 있지요. 한장군 가장행렬이 볼만해요.

법성포단오제

영광군 법성포에서 조선 시대부터 행해지는 풍년과 풍어를 기원하는 단오 민속 놀이예요. 일제 강점기 때 끊겼다가 해방 뒤 부활되었답니다. 연날리기, 제기차기, 궁도대회, 인의제, 용왕제, 선유놀이 등 다양한 행사가 열리지요.

영산문호장굿

창녕의 전설적 인물인 문호장을 위해 시작된 단오 때의 큰 굿이에요. 문호장과 부인, 딸, 첩의 사당 네 곳에서 제사를 지내요. 굿을 하지 않는 해에는 호랑이가 나오거나 유행병이 돌며 마을에 재앙이 온다고 믿었지요. 조선 시대부터 시작되었는데 일제 강점기 때 중단되었다가 1968년부터 다시 시작되었어요.

이웃 나라의 단오는 어떤 모습일까요?

우리나라 곳곳은 물론 주변의 다른 나라에서도 단오제를 볼 수 있어요. 하지만 전해 오는 신화나 풍습은 나라마다 다르지요. 이웃 나라의 단오는 어떤 모습인지 함께 살펴 보아요.

이웃 나라에서도 단오를 즐긴다니…. 신에게 행복을 비는 마음은 모두 비슷한걸!

단오를 지내는 이웃 나라

중국의 단오

중국에서도 음력 5월 5일은 단오절이에요. 중국의 단오절은 원래 중국 전설 속의 조상으로 여겨 왔던 용에게 제사 지내는 용사절이었어요. 하지만 나중에 시인 굴원*을 기념하는 날로 바뀌었어요. 굴원은 나라에 충성을 다했지만 다른 신하들의 모함 때문에 멱라수라는 강에 몸을 던져 죽었어요. 그래서 해마다 단오절이 되면 중국 사

용선 경주
시인 굴원을 추모하기 위한 중국의 단오 풍속이에요.

* 굴원 : 중국 초나라의 시인이에요.

람들은 굴원에 대한 존경과 그리워하는 마음을 표현하는 행사를 하지요. 중국에서는 단오절에 우리나라의 수리떡과 같은 쫑즈를 강에 던지며 용 모양의 배를 타고 벌이는 용선 경주를 해요. 이때 쫑즈를 강에 던지는 이유는 물고기들에게 먹이를 주려는 것이라고 해요. 물고기로부터 굴원의 시신을 보호하기 위해서랍니다.

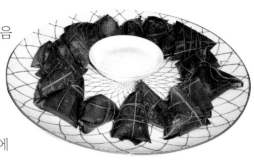

쫑즈
중국의 단오떡이에요. 찹쌀에 콩, 조 등을 넣고 양념과 버무려 후웨이라는 갈대 잎에 싸서 삼각형 모양으로 만들어요.

일본의 단오

일본에서는 단오를 '남자아이의 날'이라는 의미를 가진 단고노세쿠라고 불러요. 그리고 3월 3일은 '여자아이의 날'로 모모노세쿠라고 부르지요. 단고노세쿠에서 '단'은 최초라는 뜻이고, '고'는 말을 의미해요. 즉 5월 첫 번째 말의 날로 우리나라에서와 같은 의미이지요.

오월인형
일본의 단오 때 가장 인기 있는 인형이에요.

일본에서는 단오 때 오월인형이라고 하여 일본 무사나 설화 속에 나오는 영웅을 작게 만든 인형을 장식해요. 오월인형에는 집안의 남자 아이가 건강하고 씩씩하게 잘 자라기를 기원하는 부모의 마음이 담겨 있지요. 단옷날 일본에서는 흰 떡에 팥을 넣고 떡갈나무 잎으로 싼 가시와모치를 먹어요.

신과 사람이 함께하는 축제

지금까지 강릉단오제가 언제부터 시작되었는지, 어떤 축제인지 알아보았어요. 그리고 우리가 계승해야 할 풍속인 강릉단오제를 세계인이 지켜보고 있다는 사실도 알게 되었어요. 사람들은 보통 강릉단오제를 신과 사람이 함께하는 축제라고 불러요. 그 말의 뜻은 '호개등'을 보면 알 수 있답니다. 강릉단오제는 행사 기간 내내 제사와 굿을 하는 제당인 굿당에 호개등을 높이 매달아 놓아요. 사람들은 '단오신이 호개등을 타고 하늘과 단오장을 오르내린다.'라고 해요. 그래서 강릉단오제에 신과 사람이 함께한다는 것이지요.

그럼 이제부터는 강릉단오제에 얽힌 재미있는 설화를 들어 보고 어떤 행사들이 진행되는지, 강릉단오굿은 어떻게 하는 것인지 자세히 살펴보기로 해요.

강릉단오제의 기원 설화

강릉단오제는 그 역사가 오래된 만큼 여러 신에게 제사를 지내고 있고 이와 관련된 재미있는 설화가 많이 있어요.

이제 재미있는 강릉단오제 이야기 속으로 한번 들어가 볼까요?

> 강릉단오제에 대한 기록은 《고려사》 《성소부부고》 《임영지》 등 여러 책에 나와 있지.

대관령 산신 김유신 설화

신라의 장군 김유신은 어렸을 때 명주(지금의 강릉)에서 대관령 산신에게 검술을 배웠다고 해요. 그리고 강릉 남쪽의 선지사라는 절에서 명검을 만들어 삼국을 통일하고, 죽은 뒤에는 대관령 산신이 되어 강릉을 지켰다고 해요. 산신이 된 김유신은 임진왜란 때 맹활약을 했어요. 대관령과 송정의 모든 소나무를 군사처럼 보이게 하여 왜군의 집근을 막는 신통력을 발휘했답니다.

대관령 산신 김유신
대관령에 있는 산신각에 모셔져 있어요.

🔺 **신통력**
어떤 일을 해내는 뛰어난 힘을 말해요.

🔺 **굴산사**
대관령국사성황신인 범일이 현재의 강릉시 구정면 학산리에 세웠다는 절이지요. 굴산사가 있던 절터에는 우리나라에서 가장 큰 규모의 당간지주와 부도, 불상 등이 있어요.

대관령국사성황 범일국사 설화

옛날 학산 마을의 어느 처녀가 굴산사 앞 석천이라는 샘물에 가서 바가지로 물을 뜨니 그 안에 해가 떠 있었다고 해요. 처녀는 이상하게 여기면서 바가지의 물을 마셨는데, 얼마 뒤 배가 불러 와 사내아이를 낳았어요. 처녀의 집에서는 아비 없는 자식을 부끄럽게 생각하고 학바위 밑에 몰래 내다 버렸어요. 며칠 뒤 처녀가 학바위를 찾아가 보니, 학 여러 마리가 붉은 알약 같은 열매를 아이 입에 넣어 주면서 날개로 감싸 주고 있었어요. 그것을 신기하게 여긴 처녀와 가족들은 아이를 다시 데려와 키웠어요. 어려서부터 총명했던 아이는 중국에서 공부를 하고 왕의 스승인 국사로 불리웠어요. 이 사람이 바로 범일국사예요. 범일은 고향

범일국사
헌덕왕 3년에 태어나 진성여왕 3년에 입적한 범일은 30세 즈음에 왕자 김의종과 함께 당나라에 가서 공부하고 41세에 강릉에 와서 굴산사에 40년 동안 머물렀다고 해요.

에 돌아와 불법을 전하고, 굴산사와 신복사를 세우고 낙산사도 다시 세웠지요. 영동 지역 사람들은 범일국사가 죽어서 대관령국사성황신이 되었다고 믿고 있어요. 이 범일국사가 모셔진 곳이 바로 대관령국사성황사랍니다.

대관령국사여성황 정씨 처녀 설화

옛날 강릉의 정씨 집안에 시집갈 나이가 된 딸이 있었어요. 하루는 아버지 정씨 꿈에 대관령국사성황신이 나타나 딸에게 장가를 들겠다고 해 거절을 했어요. 그런데 얼마 뒤 국사성황이 호랑이를 보내 정씨 처녀를 업어 가 버렸어요. 깜짝 놀란 정씨 부부가 대관령국사성황사로 찾아가 보니 딸이 비석처럼 선 채로 죽어 움직일 수 없었어요. 놀란 정씨 부부는 국사성황에게 딸을 바치겠다고 약속을 했

정씨 처녀
대관령국사성황신의 아내로 강릉시 홍제동에 사당이 있어요.

호랑이가 처녀를 물어 가 버렸다니 생각만 해도 끔찍해.

지요. 그리고 화가를 불러 딸의 그림을 그려 붙였더니 딸의 몸이 다시 땅에서 떨어졌다고 해요.

이날이 음력 4월 15일이었는데 사람들은 이때를 대관령국사성황신과 정씨 처녀가 결혼한 날로 여겼어요. 그래서 지금도 4월 15일이면 대관령에 올라가서 제사를 지내고, 국사성황을 국사여성황사까지 모셔와 함께 모시고 제사를 지낸답니다.

강릉단오제의 시작, 신주 빚기

칠사당
조선 시대에 고을 원님이 백성들을 위해 일곱 가지 일을 하던 관청 건물이에요.

지금부터는 강릉단오제가 어떤 순서와 모습으로 치루어지는지 알아볼 거예요.

사람들은 대부분 강릉단오제가 음력 5월 5일부터 시작된다고 알고 있어요. 하지만 사실은 그보다 한 달 전인 음력 4월 5일 신주 담그는 날부터 시작된답니다. 단오 때 신께 올릴 신주, 즉 단오술을 준비하면서 시작되지요. 신주는 옛날 관청이었던 칠사당에서 담근답니다.

신주를 빚을 때에는 빚기 일주일 전부터 칠사당에 금줄을 쳐 부정

신주 빚기

신주는 강릉의 옛 관청이었던 칠사당에서 빚어요. 부정을 막는 무당의 굿을 시작으로 술을 빚고, 술 빚기가 끝나면 술이 잘 익기를 기원하는 굿을 하고 마치지요. 이날 빚은 술은 단오제사 내내 쓴답니다.

1. 금줄 치기
칠사당에 금줄을 치고 황토와 소금을 뿌려 신주를 빚는데 부정이 타지 않도록 해요.

2. 신주항아리 소독
신주를 담그기에 앞서 신주항아리를 깨끗하게 소독해요.

3. 칠사당 부정굿
칠사당 마당에서 사방의 부정을 깨끗하게 씻는 굿을 하지요.

한 일을 미리 막아요. 그리고 신주를 담그는 날에는 무녀가 와서 온갖 부정을 깨끗하게 없애는 굿을 하고, 제관들은 목욕을 하고 제례복을 갖추어 입고 술을 담근답니다. 신주는 쌀과 누룩을 2:1 비율로 하고 술맛이 좋아지도록 솔잎을 넣어요. 이때 쓰는 쌀과 누룩은 강릉 시장이 내려 주는데 이것 역시 예전에도 관청에서 내려 주었던 풍습 그대로이지요. 술을 다 빚고 나면 술이 잘 익기를 바라는 마음으로 무녀들이 무가를 부른답니다. 술이 잘 익어야 단오제를 무사히 치르고 국사성황신과 여성황신이 강릉 시민들에게 풍요와 안녕을 내려 줄 것이라고 믿기 때문이에요. 신주는 단오제사 내내 쓸 중요한 제물이니 이때부터 단오제가 시작됐다고 생각하는 것은 당연한 일이지요.

▲ 무가
무속의 노래예요.

강릉 시민도 참여하는 신주 빚기
신주 빚는 날을 앞뒤로 하여 강릉 시민들도 단오제위원회에 쌀을 3홉 정도 내요. 가정의 안녕과 단오제가 잘되기를 바라는 마음에서예요. 이 쌀은 단오제사에 쓸 떡과 술을 만들어 제사가 끝나면 시민들에게 나누어 주지요. 해마다 백여 가마가 넘는 쌀이 모아진다고 해요.

헌미
강릉단오제를 위해 시민들이 낸 쌀이에요.

부정 타지 말라고
입을 한지로
막는 거래.

4. 신주 담그기
부정이 타지 않도록 입을 한지로 막고 술을 빚어요. 그리고 금줄을 둘러 부정을 막아지요.

5. 신주 보관
주위를 깨끗하게 하고 단오 때까지 술독을 잘 보관해요.

단오신 모시기

대관령국사성황사

술을 빚고 났더니 벌써 음력 4월 15일이 되었네요. 이제는 대관령의 세 신에게 제를 올리러 가야 해요. 강릉단오제의 주신인 대관령국사성황신을 모시고 부인인 대관령국사여성황신께 가서 두 신의 결혼을 기념하지요. 그 뒤 음력 5월 3일이 되면 두 신을 다시 단오장으로 모셔 가야 해요. 그럼 제를 올리러 출발해 볼까요?

대관령산신제와 국사성황제 음력 4월 15일

강릉단오제에서 음력 4월 15일은 본격적으로 축제가 열리기 전의 가장 중요한 날이에요. 먼저 산신당에서 대관령산신에게 산신제를 올리지요. 이어서 성황사에서 올리는 제는 강릉 시장이 초헌관을 맡아 진행해요. 시민과 관청이 함께 대관령국사성황제를 올리는 것이에요.

제사가 끝나면 무당이 부정을 씻어 내고 대관령국사성황신을 모시는 굿을 해요. 이어 무당 일행과 신목잡이는 산에 올라가 신목을 찾아요. 사람들은 신목을 국사성황신이라고 믿고 매우 소중하게 여기지요. 그래서 앞다투어 신목에 오색 예단을 걸며 각자 소원을 빌어요. 국사성황신의 위패와 신목을 모신 대관령국사성황행차는 '산유가'를 신명 나게 부르며 대관령 옛길을 걸어서 내려온답니다. 그리고 강릉 시내로 내려오는 길가에 있는 구산

오색 예단을 걸친 신목

🔺 초헌관
제사 지낼 때 첫 잔을 올리는 사람이에요.

🔺 신목잡이
신목을 찾아내어 모시는 사람이에요.

🔺 신목
단오제사에 쓰일 나무예요. 신이 들려 있다고 해요.

서낭당에서 한바탕 굿을 하지요. 옛날에는 대관령에서 내려오다 보면 이쯤에서 날이 어두워져 햇불을 밝혔다고 해요.

이처럼 강릉단오제에는 지배층의 종교인 유교식 제사와 서민층의 종교인 무속의 굿이 함께 어울려 지역의 안녕을 바라지요. 이렇게 제사마다 굿이 꼭 뒤따르는 것이 강릉단오제의 특징이에요.

이제 국사성황행차는 다시 구정면 학산리의 학산서낭당으로 가요. 강릉단오제 때문에 시내에 내려온 성황신이 고향에 들렀다 간다는 의미랍니다. 이 마을은 신라 말 범일국사가 세운 굴산사라는 절이 있던 자리예요. 우리나라에서 가장 큰 당간지주와 부도가 있지요. 그리고 강릉시 내곡동에도 범일국사가 처음 세웠다는 신복사 터가 있어요. 이곳에 불상과 3층석탑이 있는데 모두 강릉단오제의 신으로 받드는 범일국사와 관련된 단오유적지예요.

유교식 제사는 어떻게 지낼까요?

유교식 제사는 제례복을 입고 제사 순서, 상 차리는 법 등을 적은 홀기에 따라 지내요. 사회자인 집례가 제사를 맡은 사람들을 알리고 순서를 읽으면서 제사를 진행하지요. 먼저 초헌관이 향을 피워 신을 부르는 의식을 하고, 축관은 제사를 올리는 목적을 적은 제문을 읽어 신에게 고해요. 세 헌관이 모두 잔을 올리면 초헌관이 신에게 바치는 축문을 태우고 제사를 마쳐요. 그리고 모든 사람이 제사 음식을 나누어 먹지요. 이 음식을 먹으면 건강과 복이 온다고 해요.

굴산사지 당간지주
깃대를 고정하기 위해 세운 돌기둥을 당간지주라고 해요. 굴산사 당간지주는 높이 5.4미터로 우리나라에서 가장 큰 당간지주지요. 통일 신라 말기에 세워진 것이라고 해요.

구산서낭당의 굿

굴산사지 부도
범일국사의 사리를 보관한 탑이에요.

국사여성황사봉안제 음력 4월 15일

국사여성황사
원래는 남대천 강가에 있었으나 해방 뒤 강릉시 홍제동 사당으로 옮겨 지었어요.
국사성황신의 부인인 정씨 처녀를 모신 곳이에요.

🔺 **위패**
죽은 사람의 이름을 적은 나무 패를 말해요.

대관령을 내려와 학산서낭당에 다녀온 국사성황행차는 강릉 시내를 한 바퀴 돌고 다시 홍제동 여성황사로 가지요. 이곳에서 다시 제를 올린답니다. 강릉단오제의 부부 신인 국사성황신과 국사여성황신의 위패와 신목을 모셔 놓고 유교식 제사를 올리고 굿을 해요. 이것은 국사성황신과 정씨 처녀가 결혼한 날을 기념하기 위한 것이에요. 본격적으로 단오제가 시작되는 음력 5월 3일까지 위패와 신목은 여성황사에 모셔 둔답니다.

강문진또배기굿 음력 4월 15~17일

음력 4월 보름은 대관령국사성황신을 시내로 모셔 오는 날이에요.

진또배기
하늘 높이 솟아 있는 솟대를 강릉에서는 진또배기라고 해요. 보통 나무를 높이 세우고 그 위에 오리 세 마리를 올려 놓아요. 오리가 불, 물, 바람의 피해를 막아 준다고 믿었어요.

바닷가에서는 또 다른 행사가 있지요. 특히 강문 바닷가 마을에서는 이날 밤부터 3일간 큰 굿을 해요. 풍어를 기원하는 '강문진또배기굿'이에요. 3년에 한번씩 음력 4월 15일에는 규모가 큰 용왕굿(별신굿)을 하지요.

강릉단오신을 위한 노래, 영산홍

강릉단오제는 평소 대관령에 계신 국사성황신을 단오장에 모셔 놓고 지내는 축제예요. 그래서 음력 4월 보름에 시내 여성황사에 국사성황신을 모셔 놓았다가 음력 5월 3일이 되면 다시 단오장에 마련된 임시 제당으로 옮겨 와요. 그러니까 단오신은 대관령에서 시내 여성황사로, 여성황사에서 단오장으로 두 번 행차하는 거예요.

국사행차
국사성황신이 국사여성황신을 만나러 가고 있어요.

이때 부르는 노래가 바로 '영산홍'인데 산유가라고도 해요. 강릉단오제의 신을 맞이하는 노래로 강릉단오제의 진행 과정과 염원이 배어 있어요. 한 해 동안 떨어져 있던 국사성황신 부부가 만나는 기쁜 날이라서 어서 가자고 행차를 재촉하는 것이지요. 그리고 나라가 태평하고 백성들도 편하기를 바라는 마음, 풍년을 바라는 마음, 호랑이와 도적으로부터 안전을 지켜 주기를 바라는 마음들이 담겨 있어요. 한번 살펴볼까요?

> 영산홍
> 이야에 에헤야 에이야 얼싸 지화자자 영산홍
> 이야에 에헤야 에이야 얼싸 지화자자 영산홍
> 영산홍도 봄바람에 가지가지가 꽃피었네 지화자자 영산홍
> 꽃밭일레 꽃밭일레 사월 보름날 꽃밭일레 지화자자 영산홍
> 여태까지 왔다는게 이제 겨우 반쟁이*냐 지화자자 영산홍
> 국태민안* 세화연풍* 성황님께 비나이다 지화자자 영산홍
> 먼데사람 듣기좋게 힘차게 불러주소 지화자자 영산홍
> 절에사람 보기좋게 덩실덩실 춤을 추소 지화자자 영산홍
> 구산금산* 다 지나서 여성황이 저기로세 지화자자 영산홍

* 반쟁이 : 대관령과 강릉(옛 명주군) 사이에 있어요. 대관령 고갯길의 절반 정도 되는 곳이라서 이 이름을 붙였다고 해요.
* 국태민안 : 나라가 태평하고 백성이 편안한 것을 말해요.
* 세화연풍 : 해마다 풍년이 드는 것이에요.
* 구산금산 : 대관령 밑에 있는 마을 이름으로 성산면에 있어요.

국사성황영신제와 영신행차 음력 5월 3일

음력 5월 3일 저녁에 제관과 무당들은 홍제동에 있는 대관령국사여성황사에 올라가요. 이곳에서 영신제를 지내기 때문이에요. 영신제는 국사성황신을 제단으로 모셔가기 위해 지내는 제사랍니다. 영신제가 끝나면 여성황사를 출발한 국사성황신 부부 행차는 정씨 처녀가 태어난 집인 **경방댁**에 들러 제례를 받는답니다. 이때 제례는 지금의 경방댁 주인이 지내지요. 제례가 끝나면 성황신 부부를 다시 남대천 단오장의 임시 제단으로 모셔 가는 행차가 벌어져요. 이 행차를 영신행차라고 해요. 행차가 시작되면 무당, 관노가면극패, 농악패

▲ 경방댁
국사여성황신 정씨 처녀의 생가예요.

경방댁
국사성황신 부부의 제례를 지내고 있어요.

영신행차
음력 4월 15일에 국사여성황사에 함께 모셔 둔 부부 신을 단오장으로 모셔 가요. 이때 농악대가 흥을 돋우고 시민들은 등불을 들고 따라가지요.

가 뒤따라가며 신명을 돋워요. 그리고 수많은 시민들이 등불을 들고 뒤를 따르지요. 그러면서 흥겨운 축제 분위기가 만들어져요. 이렇게 영신행차는 경방댁에서 단오장 굿당에 도착할 때까지 계속되지요. 마침내 단오장 굿당에 위패와 신목이 도착하면 오색 축포가 올라가고, 단오장의 각 공연장에서 축하공연 행사가 시작돼요. 그리고 무녀들이 환영의 춤을 추면서 영신행차가 끝나지요.

🔺 신명
흥겹게 신이 나서 기분이 좋은 것을 말해요.

조전제　음력 5월 4~7일

음력 5월 4일부터 7일까지 단오제가 계속되는 동안 임시 단오제당에서는 아침마다 유교식 제사를 올리는데 이것을 조전제라고 해요. 강릉 시장을 비롯하여 여러 기관 및 사회 단체의 장 등 강릉 시민을 대표하는 사람들이 헌관이 되어 시민과 나라의 안녕을 바라는 제사를 올리는 것이에요.

조전제는 한 시간 정도 진행되는데, 제사가 끝나면 제관과 참여객들이 제사 음식을 나누어 먹고 그 자리에서 어두워질 때까지 종일 단오굿판을 열어요.

🔺 헌관
제사를 지낼 때 임시로 임명하는 제관이에요.

🔺 제관
제사를 맡은 사람이에요.

조전제
단오제 기간 아침마다 올리는 유교식 제사예요.

강릉관노가면극

지금까지는 강릉단오제에서 벌어지는 여러 굿에 대해 알아보았어요. 그런데 강릉단오제에서 빼놓지 않고 보아야 할 것이 하나 있답니다. 바로 강릉 관청에서 일하던 노비들이 했던 관노가면극이에요. 이 가면극은 다른 가면극과 달리 대사가 없이 춤과 동작으로만 내용을 전달하는 무언가면극이에요. 우리나라에서 유일한 무언극이지요.

▲ 관노
옛날 관가에 딸린 노비를 말해요.

다섯 마당의 관노가면극

관노가면극은 모두 다섯 마당으로 이루어져 있어요. 각 마당마다 등장인물이 바뀌며 이야기가 흘러가지요. 각 마당별로 내용을 살펴보아요.

배불뚝이 장자마리의 춤
우스꽝스런 모습을 한 두 명의 장자마리가 나와 춤을 추며 놀이마당을 시작해요.

양반광대와 소매각시의 사랑놀이 마당
양반광대와 소매각시가 나와 춤을 추며 사랑놀이를 보여 줘요.

30

관노가면극은 옛날부터 관청과 백성이 함께해 온 민속 연극이에요. 지역의 안녕과 풍년을 기원하고 신에게 제사를 지내는 내용이 들어 있답니다.

관노가면극의 역사는 《임영지》에서도 찾아볼 수 있어요. '무당과 광대들에 의하여 놀이가 계속되었다.'고 기록되어 있지요. 관노가면극은 한때 전승에 어려움을 겪기도 했지만 고증을 통해 가면극을 재연하면서 강릉단오제의 중요한 행사로 인정되었고 지금까지 이어지고 있지요.

🔺 고증
예전에 있던 것을 책이나 전해 오는 이야기를 바탕으로 밝혀 내는 일을 말해요.

관노가면극은 왜 전승하기 어려웠을까요?
우리나라의 전통문화 활동이 금지되었던 일제 강점기에는 어쩔 수 없이 관노가면극도 중지되었어요. 하지만 관노가면극이 결정적으로 어려움을 겪게 된 것은 공연자들의 신분이 '관노'였다는 사실이 알려지면서부터였어요. 개화기가 지나고 관청에서 관노가 사라진 지 수십 년이 지났음에도 불구하고 관노가면극이라고 불렸기 때문이지요. 그리고 공연자들이 자신들이 관노였다는 옛 신분이 밝혀지자 공연을 꺼려했기 때문이에요.

넷째
마당

셋째
마당

소매각시의 자살소동마당
양반광대가 소매각시와 시시딱딱이가 놀았다고 의심하자 소매각시가 양반의 수염에 목을 매어 죽지요.

시시딱딱이의 춤과 사랑놀음 훼방 마당
시시딱딱이 두 명이 등장하여 칼춤을 추며 양반과 소매각시의 사랑놀이를 방해해요.

다섯째
마당

화해의 마당
성황신께 빌어 소매각시가 살아나고 사랑과 용서로 모든 사람들이 화해하는 춤을 추어요.

관노가면극의 등장인물은 누구일까요?

관노가면극에는 모두 여섯 명의 등장인물이 있어요. 양반광대, 소매 각시, 시시딱딱이 두 명, 장자마리 두 명이지요. 이들은 모두 개성이 뚜렷한 인물들이에요. 그리고 이들 외에 악사 10여 명이 나와 연주를 한답니다.

양반광대
머리에 30센티미터의 꿩 털이 달린 뾰족한 고깔을 쓰고 부채를 들고 있어요. 남자 성황신을 나타내지요. 양반광대는 여자들과 놀아나는 것을 좋아하는 양반들의 어리석음을 우스꽝스럽게 묘사하기 위한 인물이에요.

소매각시
양반광대와 사랑을 나누는 역이에요. 연지곤지를 찍고 나오고 여자 성황신을 나타내지요. 양반광대가 자신을 의심하자 양반광대의 수염에 목을 매요.

시시딱딱이
얼굴에 오색칠을 하고 험상궂은 모습을 한 채 붉은색 칼을 들고 나와요. 잡귀를 물리치는 역신의 모습이에요. 시-시- 하고 이곳 지곳을 돌이다니며 방망이로 딱딱 때리지요.

장자마리
온몸에 해초와 곡식을 달고 포대 자루를 쓰고 있어요. 바다신과 토지신을 합친 모습이라고 해요. 우리나라 다른 가면극에는 나오지 않는 인물이에요.

여기서 잠깐!

전통문화를 유지하고 보존하기 위해 우리가 할 일

우리가 소중한 문화유산을 보호하기 위해 해야 할 일은 어떤 것이 있을까요? 여러분의 생각을 한번 적어 보세요.

❶ _____

❷ _____

❸ _____

☞ 정답은 56쪽에

강릉단오제의 전통을 이어가는 사람들

다양하고 재미있는 굿과 문화 행사가 펼쳐지는 강릉단오제는 강릉 시민들에 의해 유지되어 왔어요. 여기에는 시민들, 인간문화재, 기능 보유자 등 많은 사람의 숨은 노력이 있었답니다.

누가 강릉단오제를 지켜왔을까요?

강릉단오제를 문화재로 지키고 가꾸는 데에는 인간문화재의 수고가 가장 크지요. 도가로 불리는 제사를 담당하는 사람들, 단오굿을 담당하는 무당과 악사들, 관노가면극을 담당하는 세 부류의 사람들이 있어요. 그리고 강릉단오제 보존회*에서 각각 제사, 굿, 관노가면극 보존회를 만들어 전승 활동을 하고 있어요.

또 강릉농악, 강릉학산오독떼기, 강릉사천하평답교놀이를 보존하기 위한 보존회도 각각 있어요. 모두 강릉단오제

관노가면극 예능보유자, 김종군
2000년 관노가면극 예능보유자가 되어 전승 활동을 하고 있지요.

제례 예능보유자, 조규돈
2000년 강릉단오제 제례 부분 예능보유자가 되었어요.

별신굿 중요무형문화재 보유자, 빈순애
단오굿 세습무인 고 신석남 씨의 수양딸로 들어가 공부하다가 며느리가 되었고, 2000년 강릉단오제 예능보유자가 되었어요.

를 더욱 신명 나는 축제로 만드는 사람들이지요.

그 밖에 강릉단오제위원회, 강릉 지역의 언론 기관은 물론, 여러 곳에서 강릉단오제의 많은 행사들 중 한 가지씩을 맡고 있어요.

강릉단오제는 참 많은 사람들이 함께 참여하고 지켜 가는 축제랍니다.

* 강릉단오제 보존회 : 제사, 굿, 관노가면극 부문의 예능을 보유한 사람이에요. 보유자 후보, 조교, 이수자 등의 인간문화재로 불리는 사람들로 이루어진 단체예요.

풍요를 비는 놀이 한마당, 강릉단오장

지금까지 신과 사람이 어울리는 제사와 굿에 대하여 알아보았어요. 이제는 사람과 사람이 모여 흥이 나는 강릉단오장을 돌아보아요.

강릉단오장에는 어울마당, 놀이마당, 대동마당 등 여러 공연장이 있어요. 그 안에 굿당, 그네터, 씨름터가 있는데 이곳에서는 하루 종일 징, 꽹과리 소리가 울려 퍼지며 사람들의 흥을 돋우지요.

강릉단오제에서 제사를 지내고 굿을 하고, 난장을 통해 흥을 돋우면서 많은 사람들이 바라는 것은 무엇일까요? 어쩌면 우리 모두의 행복과 즐거움이 아닐까요?

　사람이 즐거우면 신도 즐겁다고 해요. 모두가 즐겁고 신명 나는 단오놀이판에 우리도 한번 뛰어들어 보아요.

강릉단오제는 무형문화유산의 공연장 음력 5월 4~7일

해마다 강릉단오제에서는 다양한 문화 행사가 펼쳐져요. 강릉단오제의 중심 내용인 제사, 굿, 관노가면극 등은 물론이고, 강릉농악, 학산오독떼기, 강릉사천하평다리밟기놀이 등 강릉의 다른 무형문화 공연까지 볼 수 있어요. 또 전국의 중요무형문화재가 강릉단오제에 초청되고 외국의 전통문화까지 접할 수 있는 공연도 열리고 있어요. 그러니까 강릉단오제는 단오 기간에 중요무형문화재와 세계의 문화가 한꺼번에 펼쳐지는 셈이에요. 전통 음악과 전통 무용의 아름다운 춤사위, 옛날부터 이어 온 재미있고 신나는 민속 연극과 놀이 등이 한데 어우러져 있답니다.

우리나라의 무형문화유산

무형문화유산은 우리가 만져 볼 수 없지만 보고, 듣고, 느낄 수 있는 조상들이 남긴 유산이에요. 세계무형유산인 종묘제례악과 판소리를 비롯하여 검무나 승무 같은 무용, 탈놀이로 대표되는 민속 연극이 있지요. 또 강강술래 같은 놀이, 강릉단오제나 종묘제례 등의 의식, 택견 같은 무예 등이 있어요.

강릉사천하평답교놀이
강릉시 사천면 하평리의 전통 민속 놀이예요. 사천진리 다리에서 펼쳐지는데, 서로 다리를 먼저 밟는 놀이랍니다.

강릉사천하평답교놀이

옛날 농촌에는 마을마다 전통 놀이들이 있었어요. 한 해 농사가 시작되기 전인 정월 대보름이나 좀상날에 강릉 사천에서는 강 건너 이웃 마을과 다리밟기놀이를 했답니다. 다리를 먼저 밟는 마을에 풍년이 든다고 믿었기 때문이지요.

강릉사천하평답교놀이는 강릉의 사천면 하평리에서 해마다 음력 2월 6일 좀상날에 마을 사람들이 다리를 밟으며 풍년과 안녕을 기원하던 놀이예요. 좀상날이 되면 잔치를 벌이고, 마을 다리까지 가서 이웃 마을과 다리밟기 놀이를 했지요. 다리 위에서 하늘에 풍년을 기원하는 제사를 올리고, 제사를 마치면 횃불을 태워서 한바탕 놀이 마당을 벌이면서 한 해의 힘찬 출발을 다짐해요. 원래는 봄에 하는 놀이지만 이제는 강릉단오제에 가면 단오장에서 볼 수 있답니다.

▲ 다리밟기
'다리밟기'는 한자어로 밟을 답(踏), 다리 교(橋)로 쓰기 때문에 '강릉사천하평답교놀이'를 '강릉사천하평다리밟기놀이'라고도 불러요. 강릉단오제에서는 이 놀이를 단옷날 저녁에 행했었는데 요즘에는 단옷날과 마지막 날 모두 하고 있답니다.

좀상날
옛날에 좀생이별(천체 28개 별자리 중 '폴리아테스'라는 작은 별의 모임)과 달의 거리로 그해 농사가 풍년이 될 것인지 흉년이 될 것인지를 점치던 날로 음력 2월 6일이에요.
예부터 초승달은 어머니, 좀생이별은 어린이에 비유했어요. 두 별 사이가 멀면 풍년, 가까우면 흉년이라고 해요. 어린이가 먹을 것이 많으면 어머니를 멀찍이 따라가고, 먹을 것이 없으면 어머니를 빨리 따라가 밥을 먹으려 하기 때문이랍니다.

다리밟기 놀이는 풍년을 기원하는 놀이야.

강릉학산오독떼기

우리나라의 농요

농요는 '일노래'라고도 하는데, 농요의 주제는 농사와 관련된 내용을 담고 있어요. 이런 농요는 크게 논농사소리와 밭농사소리로 나눌 수 있는데, 둘 다 일 년 동안의 주요 농사 과정을 표현한답니다.

현재 중요무형문화재로 지정되어 있는 일노래는 경상도의 고성농요와 예천통명농요가 있고, 전라남도 진도의 농요는 '남도들노래'라는 명칭으로 지정되어 있어요. 강릉학산오독떼기도 강원도 무형문화재로 지정되어 있지요.

🔺 **향가**
신라 때의 노래로 한자 음과 뜻을 빌려 기록했어요.

🔺 **오독떼기**
다섯 번을 꺾어 부르기 때문에 오독떼기라고 부르기도 해요.

신명 나게 일을 할 수 있도록 기운을 돋워주는 음악에는 농악과 농요가 있어요. 농악은 악기를 사용하여 하는 연주이고, 농요는 사람들이 직접 부르는 노래이지요.

강릉단오제에서는 강릉 지역을 대표하는 강릉학산오독떼기라는 농요를 부른답니다. 신라의 향가에서 유래되었다고 하는데, 노랫말은 각 시기에 따라 또는 농사를 짓는 과정마다 다르답니다.

주로 김매기할 때 오독떼기를 부르는데 마을마다 두레패를 이루어서 한 조에 두 명 이상씩 여러 조를 번갈아가며 부르지요. 농요, 들노래, 농사짓기 소리라고도 해요. 오독떼기의 '오'는 신성하고 고귀하다는 뜻에서, '독떼기'는 들판을 개간한다는 뜻에서 생겼다는 이야기가 있어요. 《조선왕조실록》에 세조 임금이 오독떼기를 잘 부르는 사람을 뽑아 노래하게 하고 상을 주었다는 기록도 있어요. 오독떼기는 강릉시 구정면 학산리에서 가장 뚜렷이 전승되고 있지요.

학산오독떼기
농사일을 하는 동안 피로를 잊고 능률을 올리기 위해 부르는 노래예요.

강릉단오제의 흥을 돋우는 강릉농악

강릉단오제에서는 굿과 제사, 가면극 말고도 신명 나는 볼거리가 하나 있어요. 바로 강릉농악이에요. 강릉단오제의 놀이마당에서 흥을 돋우는 중요한 놀이랍니다. 단오장에서 신명 나는 농악소리가 울려 퍼지면 어깨가 절로 들썩이지요. 특히 강릉단오제에서는 농악경연대회가 펼쳐져 어른과 어린이, 남자와 여자의 농악을 한자리에서 볼 수 있답니다.

원래 강릉농악은 강릉시에서 전승되고 있는 것으로 강원도 태백산맥 동쪽 지역인 영동농악을 대표하는 것이에요. 다른 말로는 농사풀이농악이라고도 하는데, 이는 농경생활을 흉내 내어 놀이로 보여주는 농사풀이가 있기 때문이에요.

특히 다른 지역에 없는 달맞이굿(달을 보고 소원을 비는 것), 횃불놀이, 다리밟기와 두레농악이라고 할 수 있는 김매기농악과 길놀이농악이 있는 것이 특징이에요. 모두 여럿이 함께하는 놀이들인데 이렇게 모여 농사일을 하고, 농악을 신명 나게 울리다 보면 우리 조상들은 농사의 고달픔을 잊을 수 있었어요. 또 이런 놀이들이 이웃과의 화합이나 마을의 단합을 이끌어 내는 데 중요한 역할을 했답니다.

농악에 사용되는 악기도 많고 보기만 해도 절로 흥이 나.

강릉농악
강릉농악대는 깃발, 쇄납(날라리), 꽹과리, 징, 북, 장구, 소고, 법고(불교의식 때 쓰는 작은북) 및 무동으로 이루어져 있어요. 무동(사내아이)들은 흰 바지저고리에 홍·청·황의 삼색 띠를 두르고 여러 가지 색깔이 섞인 옷을 입어요.

여기서 잠깐!

다음 중 농악에 사용되는 악기가 아닌 것은 무엇인가요? ( )

① 꽹과리   ② 징   ③ 장구   ④ 대금

정답은 56쪽에

우리나라의 단오 풍속과 놀이

단오부채 그리기
강릉단오장 행사장에서는 단오부채 그리기 등 다양한 행사가 펼쳐져요.

우리 조상들은 단오 때면 여러 가지 풍속을 즐겼어요. 떡을 해 먹거나, 각종 놀이를 즐기거나, 다가올 여름에 대비해 더위를 이겨 내는 방법까지 다양했어요. 이처럼 떡만들기, 단오부채 만들기, 투호 놀이 등 모든 것들을 강릉단오장에서 직접 즐기고 체험해 볼 수 있답니다. 자, 어떤 풍속들이 있는지 알아보아요.

🔺 투호
두 사람이 일정한 거리에서 화살을 던져 병 속에 많이 넣는 사람이 이기는 놀이예요.

🔺 잡귀
잡스러운 귀신을 말해요.

단오 풍속

강릉단오의 풍속도 다른 지방의 단오 풍속과 크게 다르지는 않아요. 다가올 여름 더위에 대비하거나, 나쁜 일을 방지하기 위한 것 등 우리 조상들이 바라는 마음은 모두 하나였지요.

우리가 '단오'하면 가장 잘 알고 있는 풍속이 바로 창포물에 머리 감기일 거예요. 잘 자란 창포를 베어다가 뿌리와 함께 삶아서 그 물에 머리를 감거나 얼굴을 씻고 목욕을 했지요. 이렇게 하면 머리가 하얗게 세지 않고 잡귀를 쫓을 수 있다고 믿었어요. 특히 창포물에 머리를 감으면 머리가 시원해지는 것은 물론이고 은은한 향까지 나지요. 그래서 한양에서는 단오 이틀 전쯤에 창포를 팔러 다니던 창포장수가 있었다고 해요. 그리고 창포 뿌리를 깎아 비녀를 만들어 꽂기도 했어요. 이것을 '창포잠'이라고 하지요. 창포잠을 하면 여름 내내 더위를 타지 않고 잘 이겨 낼 수 있었다고 해요.

이 외에 약초나 쑥을 캐기도 했는데 이때 캔 쑥으로 호랑이 인형이나 귀신을 막을 수 있는 인형을 만들어 문에 걸기도 했어요. 약초나 쑥의 강한 향기로 나쁜 기운을 미리 막고자 했던 거예요.

특히 궁궐에서는 여름이 되면 임금이 신하들에게 단오선이라는 부채를 나누어 주었어요. 절기상 단오가 되면 여름이 시작되기 때문에 여름을 시원하게 보내라는 의미이기도 했어요.

🔺 절기
한 해를 스물넷으로 나눈 것으로 예부터 계절을 나누는 표준으로 삼는 것이에요.

재미있는 단오 풍속

모내기를 끝낸 뒤 한 해의 풍년을 바라며 신에게 제사를 드리는 것이 단오제이지요. 강릉단오제의 풍속에도 그런 바람이 들어 있어요. 악귀를 물리치고, 더위를 이기려는 뜻도 담겨 있지요. 그중 몇 가지 풍속에 대해 자세히 알아보아요.

화 만들기
단오 중에서 햇볕이 강한 시간인 낮 11시부터 1시 사이에 약쑥을 따는 풍습이 있어요. 약쑥, 익모초, 찔레꽃 등을 말려 화로 만들어요. 그중 한 다발은 집안에 불운이 들어오지 않도록 대문 옆에 세워 두었어요. 또 담뱃불이나 횃불을 붙이는 데에도 썼어요.

대추나무 시집 보내기
대풍년을 기원하는 풍습으로 대추나무 사이에 돌을 끼워 넣는 것을 대추나무 시집 보내기라고 해요. 이렇게 하면 그 해 대추나무에 열매가 많이 맺힌다고 해요.

씨름
단오 놀이 중에 여인들은 그네뛰기, 남자들은 씨름을 제일로 꼽았어요. 그런데 씨름은 지금처럼 토너먼트 형식이 아니었어요. 시합에 참가한 선수들을 모두 이겨야 승리를 한 것으로 여겼으며, 우승 상품으로 황소를 줬다고 해요.

창포물에 머리 감기
창포 삶은 물에 머리를 감으면 머릿결이 고와진다고 믿었어요. 또 창포의 뿌리를 깎아 비녀를 만들어 꽂으면 병마를 이길 수 있었다고 해요.

단오음식

단오 때는 다양한 놀이만큼 만들어 먹던 음식도 많았어요. 대표적인 것이 수리취떡이에요. 이 떡은 수리취라는 나물을 섞어 만든 둥근 절편이에요. 또 창포로 술을 담궈 마시거나, 약술을 마시기도 했어요. 이 외에 앵두편이나 앵두화채, 어알탕, 제호탕 등도 먹었답니다. 특히 수리취떡은 단오장에서 떡만들기 행사를 하고 있으니 강릉단오제에 가게 되면 꼭 경험해 보세요.

절편
무늬가 있는 둥근 판이나 네모난 판에 찍어 만든 떡이지요.

수리취떡
수리취라는 나물을 섞어 만든 떡으로 단오날 먹는 음식이에요. 절편, 차륜병이라고도 해요. 단옷날의 우리말인 수릿날에서 온 말로 '수리'는 우리말의 수레이지요. 그래서 단옷날 수리취떡은 수레 모양을 상징해서 만들었어요. 문양은 선과 점으로 된 것, 수(壽), 복(福), 희(喜)와 같은 글씨를 새기거나, 또는 태극, 국화, 나뭇잎 등을 새기기도 했어요.

단오놀이

단오하면 어떤 놀이가 먼저 떠오르나요? 아마 여러 가지 놀이 중에 그네뛰기가 가장 먼저 떠오를 거예요. 옛날부터 단옷날이면 아침에 차례를 지낸 뒤 마을마다 그네를 매어 놓고 재미있게 놀았어요. 이 외에도 씨름이나 탈춤, 투호 등 여러 가지 민속 놀이도 함께 즐겼지요. 이 놀이들은 모두 강릉단오장에서 체험할 수 있습니다.

여기서 잠깐! **단오풍속과 설명을 알맞게 연결해 보세요.**

단오선 ●   ● 여름을 시원하게 보내기 위한 부채예요.

대추나무 시집 보내기 ●   ● 창포라는 풀을 삶아 우려낸 물로 머리를 감으면 머릿결이 고와진다고 믿었어요.

창포물에 머리 감기 ●   ● 풍년을 바라는 풍습이에요. 대추나무 사이에 돌을 끼워 넣어요.

수리취떡 ●   ● 수리취라는 풀을 넣어 만든 떡이에요.

정답은 56쪽에

우리나라의 농악

농악은 농부들이 서로 도와 가며 일할 때 연주하는 음악이에요. 꽹과리, 징, 장구, 북과 같은 악기를 치며 행진, 의식, 일을 하거나 판놀이 등을 벌이는 음악을 두루 말하는 거지요.

우리나라의 농악은 지역마다 서로 다른 특징이 있어요. 지역에 따라 장단이나 가락, 악기 구성, 춤, 연기 등이 달라 독특한 멋을 갖고 있지요.

그런 특징에 따라 경기농악, 영동농악, 호남우도농악, 호남좌도농악, 경남농악, 경북농악으로 나뉘어요. 이들 중 진주삼천포농악, 강릉농악, 이리농악, 평택농악, 임실필봉농악 등 다섯 지방의 농악이 중요무형문화재로 지정되어 있어요.

강릉
강릉농악

평택
평택농악

익산(이리)
이리농악

임실
임실필봉
농악

진주
진주 삼천포
농악

중요무형문화재로 지정된 지방 농악

강릉단오난장

강릉단오제에는 단오행사말고도 축제를 재미있게 하는 볼거리가 있어요. 바로 난장이에요. 강릉단오제처럼 난장이 큰 축제도 드물지요.

축제에 참여하는 사람들은 난장에서 사람들을 만나고 새로운 이야기를 들으면서 장을 즐기지요. 옛날 강릉단오제에서는 난장을 통해 물건과 물건을 바꾸는 물물교환이 늘어났고, 소비를 하면서 여유가 생겨 놀이 마당도 더욱 커졌지요. 난장은 그 자체가 축제의 장이었어요.

특히 지금의 단오난장은 단오에 대해 이해하기 쉽도록 제당, 제사, 무당, 제물, 정보 교환을 위한 각종 출판물 등이 전시되어 있어요.

강릉단오제 동안 강릉 지역 상인은 물론 전국의 많은 상인들이 난장을 찾아온답니다. 그래서 단오난장은 팔도의 풍물시장을 만들기도 하지요. 신기하고 재미난 장터 구경도 강릉단오의 즐거움이에요. 그리고 강릉단오장에서는 이제는 사라져 가는 서커스까지 구경할 수 있어요.

▲ 난장
정한 장날 이외에 특별히 열어 놓은 장이에요.

▲ 풍물시장
어떤 지역의 특별한 토산물을 파는 곳이에요.

> 많은 사람이 모이면 나쁜 귀신도 도망간다는 믿음이 난장을 열게 한 이유이기도 하대요.

강릉단오난장
다양한 볼거리, 먹을거리, 체험거리 등이 모인 난장은 많은 사람에게 활기를 불어넣는 곳이에요. 강릉단오난장은 물건을 사고파는 단순한 장터가 아닌 신명 나는 축제의 한마당이에요.

단오의 마무리, 송신제와 소제

홍겹게 어깨를 들썩이며 강릉단오제를 구경하다 보니 어느새 마지막 날인 음력 5월 7일 저녁이 되었어요. 이제 강릉 단오제를 마무리하러 가 볼까요?

송신제

5일 동안의 단오굿을 모두 마치면 국사성황신은 대관령으로, 국사여성황신은 홍제동 여성황사로 돌아가는 제사를 지내요. 이 제사가 단오제의 마지막 제사인 송신제예요. 단오제 행사를 직접 담당하는 단오제보존회의 인간문화재를 중심으로 제사를 지낸답니다. 보통 단오제사를 담당하는 예능보유자, 즉 인간문화재가 초헌관이 되지요.

소제

제사가 끝나면 제례 부문 예능보유자, 제관, 무당, 시민들이 모두 소제 장소로 이동해요. 이때 사람들은 모두 제례와 굿에 사용했던 신목과 여러 가지 색종이로 만든 꽃, 등, 배, 위패 등을 들고 가지요. 굿당을 장식했던 모든 것을 불에 태우는 것을 '소제'라고 하는데, 이것으로 단오제의 모든 행사가 끝이 나는 거예요.

송신제와 소제는 다른 축제의 폐막식에 해당하는 셈이에요. 소제 불빛이 사라지면 강릉단오제도 자연스럽게 막을 내린답니다.

소제
단오제에서 사용했던 것들을 모두 태워 신에게 바쳐요.

세계인이 주목하는 강릉단오제

오래도록 그 모습을 잘 보존해 온 강릉단오제의 가치를 국가에서도 인정하게 되었답니다. 1967년 1월 16일 중요 무형문화재 제13호로 지정되었어요. 그리고 2005년 11월 25일에는 유네스코의 '인류구전 및 무형유산걸작'으로 선정되었어요. 이제는 강릉단오제를 세계 인류가 공동으로 지켜가게 되었지요. 어떤 이유 때문에 강릉단오제를 세계가 주목하게 되었을까요?

첫째, 강릉단오제는 유교적 제사 방식과 무당굿이 함께 펼쳐져요. 그리고 관노가면극과 흥겨운 놀이판에서는 모든 사람들이 즐겁게 어울리고, 오늘날까지도 이어지고 있지요. 즉, 모든 것을 한데 아우르는 종합 축제예요.

둘째, 강릉단오제는 이웃을 소중하게 생각하는 즐거운 축제예요. 단오굿, 관노가면극 같은 놀이판을 보면 사람에게 서로 이해하고 화목

모두가 하나 되는 단오굿

하게 살라고 하지요.

셋째, 그네, 씨름, 창포머리 감기, 수리취떡 먹기 등의 행사를 통해 강릉단오제는 사라져 가는 단오의 전통을 잇고 있어요.

넷째, 공연 문화가 있는 축제예요. 단오 굿당의 아름답고 화려한 장식, 무당의 옷들, 춤, 노래 등이 있

유네스코 세계무형유산 걸작 등록 기념 행사

강릉단오제가 세계인이 함께 지키고 보존해야 할 무형유산으로 선정됐어요.

어요. 관노가면극은 무언극으로서 현대 마임 예술의 원조가 되었어요. 중국이나 일본에서도 단오를 즐기지만 강릉단오제는 다른 나라의 단오와 구별되는 종합적 축제로 전해지고 있어요. 농촌, 어촌, 산촌이 함께 있는 강릉 지역의 특징이 우리나라의 문화적 전통으로 나타난 거예요.

강릉단오제는 이런 노력들을 인정받아 유네스코로 세계무형유산으로 선정되었답니다.

🔺 무언극
말없이 표정과 몸 동작으로만 내용을 보여 주는 연극이에요. 마임이라고도 하지요.

여기서 **잠깐!**

다음 글을 잘 읽고 빈칸을 채워 보세요.

강릉단오제는 전 세계가 주목하는 (　　　　　　)이에요. 제사와 굿이 함께 어우러져 있고 남녀노소 계층의 구분 없이 누구나 참여하지요. 특히 (　　　　　　)은 우리나라 유일의 무언가면극이랍니다.

정답은 56쪽에

신과 사람이 어울리는 축제의 장을 떠나며

강릉단오제는 참 오래된 축제예요. 볼 것도, 즐길 것도 참 많답니다. 신과 사람이 하나 되는 축제라는 말이 처음에는 의아했지요? 하지만 강릉단오제를 둘러보면서 그 말이 무슨 말인지, 강릉단오제가 무엇인지 알게 되었을 거예요. 사람들은 할머니의 할머니 때부터 신을 섬기면서 모든 일이 잘 되기를, 우리 가정이 행복하기를 빌었지요. 그래서 신에게 제사를 올리고, 춤을 추며 놀았던 모습들이 아직까지 우리 주변에 다양한 모습으로 남아 있는 것이랍니다. 우

리나라에 수많은 축제가 있고 모두 특색이 있지만 그중에서도 강릉단오제가 아름답게 빛나는 까닭은 오랜 전통을 굳건하게 지켜나가고 있기 때문이지요.

  세계무형유산으로 선정된 강릉단오제를 잘 지키키 위해서는 우리 모두의 노력이 필요하답니다. 강릉단오신들의 흔적이 남아 있는 산신각, 성황당을 보존하는 것은 물론 각종 굿이나 제례 방법들도 보존해야겠지요. 그러기 위해서 우리는 무엇을 해야 할까요? 해마다 열리고 있는 강릉단오제에 지속적으로 관심을 가지는 거예요. 떠들썩한 난장에서 여러 사람과 어울리고 신명 나게 울리는 굿소리에 어깨를 들썩이다 보면 어느새 강릉단오제를 지켜가고 있는 우리를 볼 수 있을 거예요. 그런 우리들의 바람이 바로 신과 사람을 이어 주는 호개등이랍니다.

강릉 돌아보기

강릉단오제의 여러 행사들은 흥겨웠나요? 오랜 역사를 가지고 있고, 세계무형유산으로 선정된 만큼 볼거리도 많고, 느끼며 배운 것도 많았을 거예요. 강릉은 서쪽으로는 백두대간이 있고, 동쪽으로는 시원한 동해를 바라보고 있지요. 이렇게 아름다운 자연이 살아 숨쉬는 강릉을 떠나기 전에 주변을 조금 더 둘러보아요. 경치도 좋고 역사가 오래된 유적지가 많이 있답니다.

❶ 오죽헌 시립박물관

위치 : 강릉시 율곡로 3139번길 24

연락 및 문의 : 033-660-3301

홈페이지 : http://www.gn.go.kr

휴관 : 1월 1일, 설, 추석

오죽헌은 신사임당이 태어난 곳이며, 대선각자로 불리는 율곡이 태어난 곳이기도 해요. 특히 율곡이 태어난 몽룡실은 우리나라 보물 제165호로 지정되었어요. 오죽헌 시립박

물관에 가면 율곡의 책과 다양한 문화유산을 볼 수 있어요.

❷ 임영관지

위치 : 강릉시 임영로 131번길 6

조선 시대에 지방으로 출장 온 중앙의 관리가 숙소로 이용하던 객사건물인 임영관이 있던 자리예요. 고려 태조 19년에 세워졌지만 일제 강점기에 강릉공립보통학교가 세워지면서 객사문을 제외한 대부분의 건물이 헐렸지요. 이곳을 발굴·조사하던 1993년, 고려 전기에서 조선 후기에 이르는 시기의 것으로 보이는 건물터와 청자, 분청사기, 백자 등이 발견되었어요. 객사문은 우리나라 국보 제51호로 지정된 목조건물로, 배흘림기둥이 있는 아름다운 건물이에요. 현재 남아 있는 '임영관' 현판은 고려 시대 공민왕이 쓴 것이랍니다.

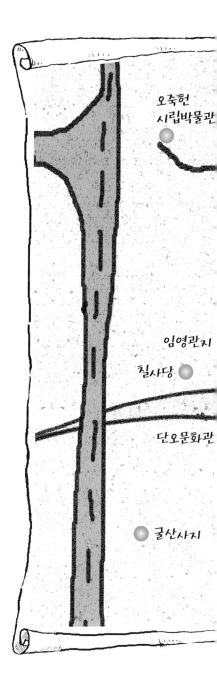

오죽헌 시립박물관

임영관지

칠사당

단오문화관

굴산사지

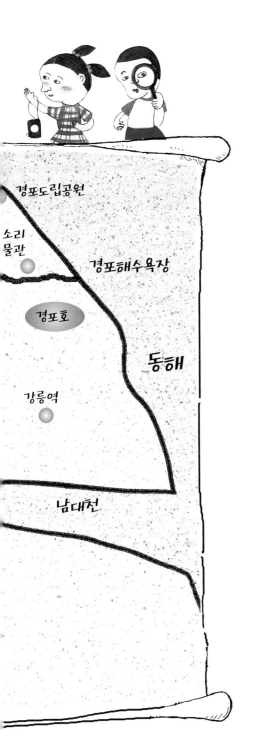

경포도립공원

소리
물관

경포해수욕장

경포호

동해

강릉역

남대천

❸ 경포도립공원

위치 : 강릉시 강문동

연락 및 문의 : 공원관리사무소 033-644-2800

송림이 우거져 있는 수려한 경관과 경포호, 그리고 해수욕장이 있어 사계절 관광을 할 수 있는 곳이에요. 경포도립공원 안에는 문장가인 허균과 허난설헌의 생가로 전하는 집이 있고, 보물 제183호인 해운정, 중요민속자료 제5호인 선교장,

관동팔경 중 최고라고 하는 경포대가 있어요. 가족과 함께 자전거를 타거나 걸어서 호수를 둘러볼 수도 있지요.

❹ 참소리박물관

위치 : 강릉시 경포로 393

연락 및 문의 : 033-655-1130

에디슨 발명품을 주로 전시한 에디슨 사이언스 뮤지엄과 소리 중심의 참소리 축음기 박물관으로 구성되어 있어요. 다양한 뮤직박스, 축음기, 라디오, TV, 자동차, 에디슨의 발명품 등 5000여 점이 전시되어 있답니다. 총 4개의 독립 전시관과 음악감상실이 있어요. 3층에는 경포호를 관람할 수 있는 전망대도 있지요. 에디슨 사이언스 뮤지엄은 총 2층, 3개관으로 되어 있고, 에디슨의 발명품과 유품, 생활 용품 등이 전시되어 있어요.

나는 강릉단오제 박사!

오랜 역사를 지켜 온 강릉단오제의 역사와 설화를 이해하고, 그 발자취를 따라 대관령 산길을 내려왔지요. 그동안 어떤 생각을 했나요? 또 다양한 행사와 민속놀이에 참여하는 동안에는 무엇을 느꼈나요? 이제 여러분이 보고 배우며 기억한 것을 가지고 문제를 풀며 정리해 보아요.

1 강릉단오제 행사와 사진을 알맞은 것끼리 연결해 보세요.

신주 담기 •

대관령산신 김유신 •

장자마리 •

조전제 •

2 문제를 읽고 O 또는 X로 대답해 보세요.

1. 단오는 우리나라 4대 명절 중 하나예요. ( )
2. 강릉단오는 5월 5일 어린이날에 열려요. ( )
3. 강릉단오제는 옛날에는 열두 신을 모셨다고 하며, 지금은 대관령산신, 구사성황신, 국사여성황신 등 세 분을 모셔요. ( )
4. 단오 풍속은 창포물에 머리감기, 익모초와 쑥 뜯기, 수리취떡 만들어 먹기 등이 있어요. ( )
5. 단오 민속놀이로는 관노가면극, 씨름, 그네와 줄넘기만 있어요. ( )
6. 강릉단오제는 중요무형문화재이며, 유네스코 선정 세계무형유산이에요. ( )
7. 강릉단오제의 한 행사인 강릉관노가면극에 나오는 주인공들의 대사가 특별히 재미있어요. ( )

③ 십자말풀이를 해 보세요.

1		1	3			4			
		4							
			5						
3			7						
7				2			6		
2				5					

〈가로 열쇠〉

1. 강릉단오제가 열리는 장소(단오장)의 이름이에요.

2. 바다신과 토지신을 합친 인물로 강릉관노가면극에만 나와요.

3. 단오굿에서 사물놀이의 징 대신 사용하며 불교에서는 '바라'라고 불리는 악기예요.

4. 남대천 단오장의 임시 제단으로 성황신을 모셔가는 행차예요.

5. 범일국사의 고향인 강릉 학산 굴산사지에는 우리나라에서 가장 규모가 큰 깃대를 세우는 이것이 있어요.

6. 신이 내린 나무로 단오제 기간 내내 맨 앞에서 행렬을 이끌지요.

7. 느낌으로 신이 내린 나무를 찾아내는 사람이에요.

〈세로 열쇠〉

1. 유네스코가 선정한 세계무형문화유산인 우리나라의 전통 축제예요.

2. 옛날 각 가정에 조상의 위패를 모신 조그만 집이에요.

3. 국사성황신과 산신이 모셔져 있는 고개 이름이에요.

4. 강릉단오신을 위한 노래예요.

5. 강릉단오제의 마무리예요.

6. 단오술이에요.

7. 강릉단오제의 장터예요.

☞ 정답은 56쪽에

강릉단오제 초대장을 만들어요

강릉단오제를 재미있게 둘러보았나요? 굿, 제사, 농악 등을 떠올리면
아직도 어깨가 들썩여 강릉단오제를 떠나보내기가 아쉽지요.
하지만 내년에도 어김없이 강릉단오제는 열릴 거랍니다.
올해 강릉단오제를 떠올려 보며 내년 강릉단오제 초대장을 만들어봐요.
이번에 오지 못한 친구들에게 직접 만든 초대장을 보내는 거예요.
그럼 시작해 볼까요?

1 먼저 종이를 골라요.
내가 초대장으로 만들고 싶은 종이
를 골라 보세요. 하얀 종이도 좋고
색깔이 있는 종이도 좋답니다.

2 종이를 반으로 접어 초대장을 만들어요.
반으로 접은 종이를 펼치면 초대의 글을 쓸 수
있는 공간이 있겠지요.

3 초대장의 표지를 장식해요.
초대장의 겉면을 꾸미는 거예요. 여기에서는
강릉단오제의 신목에 거는 오색 예단을 떠올리며
맨 위쪽에 다섯 가지 색깔의 띠로 장식했어요.
그리고 초대장의 제목을 쓰고, 그림을 그려요.
내가 강릉단오제를 둘러보며 가장 기억에 남았던
것을 그려 보아요. 여기에는 관노가면극에
나오는 양반광대를 그려보았어요.

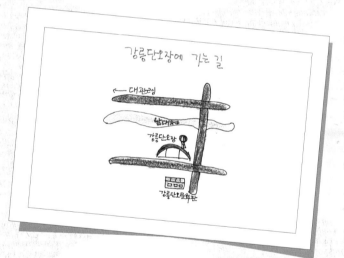

4 약도를 그려요.
초대장 안 위쪽에는 강릉단오장의
위치를 알 수 있게 약도를 그려요.
그래야 친구들이 강릉단오장으로
쉽게 찾아오겠지요.

5 초대 문구를 써 보세요.
초대장 안 아래쪽에는 강릉단오제에
대한 생각이나 자신의 의견을 밝히면
더 좋겠지요. 장소와 날짜 등을
표시하세요. 그리고 사전 행사인
신주 빚기에 대한 것도 적어 주세요.

정답

여기서 잠깐!

11쪽 서로 다른 소원이 나올 거예요.
❶ 축구를 잘하게 해 주세요.
❷ 우리 아빠가 술을 조금만 드셨으면 좋겠어요.
❸ 빨리 통일이 되었으면 좋겠어요.

32쪽 서로 다른 의견이 나올 거예요.
❶ 내 주위에는 어떤 문화유산이 있는지 찾아봐요.
❷ 위기에 처한 문화유산이 있다면 주변의 도움을 구해요.
❸ 나는 후손에게 어떤 문화유산을 물려줄 수 있는지 생각해 보아요.

39쪽 ④

42쪽

단오선 ● ──────── 여름을 시원하게 보내기 위한 부채예요.

대추나무 시집보내기 ● ╳ 창포라는 풀을 삶아 우려낸 물로 머리를 감으면 머릿결이 고와진다고 믿었어요.

창포물에 머리 감기 ● 풍년을 바라는 풍습이에요. 대추나무 사이에 돌을 끼워 넣어요.

수리취떡 ● ──────── 수리취라는 풀을 넣어 만든 떡이에요.

56쪽 세계무형유산, 관노가면극

나는 강릉단오제 박사!

❶ 강릉단오제 행사와 사진을 알맞은 것끼리 연결해 보세요.

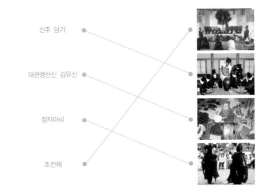

신주 담기
대관령산신 김유신
장자마리
조전제

❷ 문제를 읽고 O 또는 X로 대답해 보세요.

1. 단오는 우리나라 4대 명절 중 하나예요. (O)

2. 강릉단오는 5월 5일 어린이날에 열려요. (X)

3. 강릉단오제는 옛날에는 열두 신을 모셨다고 하며, 지금은 대관령산신, 국사성황신, 국사여성황신 등 세 분을 모셔요. (O)

4. 단오 풍속은 창포물에 머리감기, 익모초와 쑥 뜯기, 수리취떡 만들어 먹기 등이 있어요. (O)

5. 단오 민속놀이로는 관노가면극, 씨름, 그네와 줄넘기만 있어요. (X)

6. 강릉단오제는 중요무형문화재이며, 유네스코 선정 세계무형유산이에요. (O)

7. 강릉단오제의 한 행사인 강릉관노가면극에 나오는 주인공들의 대사가 특별히 재미있어요. (X)

❸ 십자말풀이를 해 보세요.

강		남	대	천		영	신	행	차
릉			관			산			
단			령			홍			
오					송				
제	금			신	목	잡	이		
				제					
닌					시			신	목
장	자	마	리		당	간	지	주	

56

사진

안광선 8p(임영지), 13p(꽃노래굿), 13p(호개등), 15p(봉산탈춤), 16p(용선경주), 17p(쯍쯔), 17p(오월인형), 20p(대관령 산신 김유신), 21p(범일국사), 21p(정씨 처녀), 22p(칠사당), 22p(금줄 치기), 22p(신주항아리 소독), 22p(칠사당 부정굿), 23p(신주 담그기), 23p(신주 보관), 23p(헌미), 24p(대관령 국사성황사), 25p(굴산사지 당간지주), 26p(국사여성황사), 26p(진또배기), 27p(국사행차), 28p(경방댁), 28p(영신행차), 29p(조전제), 30p(배불뚝이 장자마리의 춤), 30p(양반광대와 소매각시의 사랑놀이), 31p(시시딱딱이의 춤과 사랑놀음 훼방), 31p(소매각시의 자살소동), 31p(화해의 마당), 33p(김종군), 33p(조규돈), 33p(빈순애), 36p(강릉사천하평답교놀이), 38p(학산오도독떼기), 39p(강릉농악), 44p(강릉단오난장), 45p(소제), 47p(유네스코 세계무형유산 걸작 등록 기념 행사)

강릉시청 3p(강릉 단오문화관), 9p(일제 강점기 강릉단오제), 25p(구산서낭당의 굿), 25p(굴산사지 부도), 40p(단오부채그리기), 50p(오죽헌 시립박물관), 50p(임영관지), 51p(참소리박물관), 51p(경포도립공원)

영광군청 15p(법성포 단오제)

경산시청 15p(자인단오제)

창녕군청 15p(영산문호장굿)

초등학교 교과서와 관련된 학년별 현장 체험학습 추천 장소

1학년 1학기 (21곳)	1학년 2학기 (18곳)	2학년 1학기 (21곳)	2학년 2학기 (25곳)	3학년 1학기 (31곳)	3학년 2학기 (37곳)
철도박물관	농촌 체험	소방서와 경찰서	소방서와 경찰서	경희대자연사박물관	IT월드(과천정보나라)
소방서와 경찰서	광릉	서울대공원 동물원	서울대공원 동물원	광릉수목원	강원도
시민안전체험관	홍릉 산림과학관	농촌 체험	강릉단오제	국립민속박물관	경희대자연사박물관
천마산	소방서와 경찰서	천마산	천마산	국립서울과학관	광릉수목원
서울대공원 동물원	월드컵공원	남산골 한옥마을	월드컵공원	국립중앙박물관	국립경주박물관
농촌 체험	시민안전체험관	한국민속촌	남산골 한옥마을	기상청	국립고궁박물관
코엑스 아쿠아리움	서울대공원 동물원	국립서울과학관	한국민속촌	서대문자연사박물관	국립국악원박물관
선유도공원	우포늪	서울숲	농촌 체험	선유도공원	국립부여박물관
양재천	철새	갯벌	서울숲	시장 체험	국립서울과학관
한강	코엑스 아쿠아리움	양재천	양재천	신문박물관	남산
에버랜드	짚풀생활사박물관	동굴	선유도공원	경상북도	남산골 한옥마을
서울숲	국악원박물관	고성 공룡박물관	불국사와 석굴암	양재천	롯데월드 민속박물관
갯벌	천문대	코엑스 아쿠아리움	국립중앙박물관	경기도	국립민속박물관
고성 공룡박물관	자연생태박물관	옹기민속박물관	국립민속박물관	이화여대자연사박물관	삼성어린이박물관
서대문자연사박물관	세종문화회관	기상청	전쟁기념관	전쟁기념관	서대문자연사박물관
옹기민속박물관	예술의 전당	시장 체험	판소리	천마산	선유도공원
어린이 교통공원	어린이대공원	에버랜드	DMZ	한강	소방서와 경찰서
어린이 도서관	서울놀이마당	경복궁	시장 체험	화폐금융박물관	시민안전체험관
서울대공원		강릉단오제	광릉	호림박물관	경상북도
남산자연공원		몽촌역사관	홍릉 산림과학관	홍릉 산림과학관	월드컵공원
삼성어린이박물관		국립현대미술관	국립현충원	우포늪	육군사관학교
			국립4·19묘지	소나무 극장	해군사관학교
			지구촌민속박물관	예지원	공군사관학교
			우정박물관	자운서원	철도박물관
			한국통신박물관	서울타워	이화여대자연사박물관
				국립중앙과학관	제주도
				엑스포과학공원	천마산
				올림픽공원	천문대
				전라남도	태백석탄박물관
				경상남도	판소리박물관
				허준박물관	한국민속촌
					임진각
					오두산 통일전망대
					한국천문연구원
					종이미술박물관
					짚풀생활사박물관
					토탈야외미술관

4학년 1학기 (34곳)	4학년 2학기 (56곳)	5학년 1학기 (35곳)	5학년 2학기 (51곳)	6학년 1학기 (36곳)	6학년 2학기 (39곳)
강화도	IT월드(과천정보나라)	갯벌	IT월드(과천정보나라)	경기도박물관	IT월드(과천정보나라)
갯벌	강화도	광릉수목원	강원도	경복궁	KBS 방송국
경희대자연사박물관	경기도박물관	국립민속박물관	경기도박물관	덕수궁과 정동	경기도박물관
광릉수목원	경복궁 / 경상북도	국립중앙박물관	경복궁	경상북도	경복궁
국립서울과학관	경주역사유적지구	기상청	덕수궁과 정동	고성 공룡박물관	경희대자연사박물관
기상청	경희대자연사박물관	남산골 한옥마을	경상북도	국립민속박물관	광릉수목원
농촌 체험	고창, 화순, 강화 고인돌유적	농업박물관	경희대자연사박물관	국립서울과학관	국립민속박물관
서대문자연사박물관	전라북도	농촌 체험	고인쇄박물관	국립중앙박물관	국립중앙박물관
서대문형무소역사관	고성 공룡박물관	서울국립과학관	충청도	농업박물관	국회의사당
서울역사박물관	충청도	서울대공원 동물원	광릉수목원	롯데월드 민속박물관	기상청
소방서와 경찰서	국립경주박물관	서울숲	국립공주박물관	몽촌토성과 풍납토성	남산
수원화성	국립민속박물관	서울시청	국립경주박물관	민주화현장	남산골 한옥마을
시장 체험	국립부여박물관	서울역사박물관	국립고궁박물관	백범기념관	대법원
경상북도	국립서울과학관	시민안전체험관	국립민속박물관	서대문자연사박물관	대학로
양재천	국립중앙박물관	경상북도	국립서울과학관	서대문형무소 역사관	민주화 현장
옹기민속박물관	국립국악원박물관 / 남산	양재천	국립중앙박물관	서울역사박물관	백범기념관
월드컵공원	남산골 한옥마을	강원도	남산골 한옥마을	조선의 왕릉	아인스월드
철도박물관	농업박물관 / 대법원	월드컵공원	농업박물관	성균관	서대문자연사박물관
이화여대자연사박물관	대학로	유명산	롯데월드 민속박물관	시민안전체험관	국립서울과학관
천마산	롯데월드 민속박물관	제주도	충청도	경상북도	서울숲
천문대	몽촌토성과 풍납토성	짚풀생활사박물관	서대문자연사박물관	암사동 선사주거지	신문박물관
철새	불국사와 석굴암	천마산	성균관	운현궁과 인사동	양재천
홍릉 산림과학관	서대문자연사박물관	한강	세종대왕기념관	전쟁기념관	월드컵공원
화폐금융박물관	서울대공원 동물원	한국민속촌	수원화성	천문대	육군사관학교
선유도공원	서울숲	호림박물관	시민안전체험관	철새	이화여대자연사박물관
독립공원	서울역사박물관	홍릉 산림과학관	시장 체험 / 신문박물관	청계천	중남미박물관
탑골공원	조선의 왕릉	하회마을	경기도	짚풀생활사박물관	짚풀생활사박물관
신문박물관	세종대왕기념관	대법원	강원도	태백석탄박물관	창덕궁
서울시의회	수원화성	김치박물관	경상북도	해인사 고려대장경과 장경판전	천문대
선거관리위원회	승정원 일기 / 양재천	난지하수처리사업소	옹기민속박물관	호림박물관	우포늪
소양댐	옹기민속박물관	농촌, 어촌, 산촌 마을	운현궁과 인사동	유니세프 한국위원회	판소리박물관
서남하수처리사업소	월드컵공원	들꽃수목원	육군사관학교	무령왕릉	한강
중랑구재활용센터	육군사관학교	정보나라	이화여대자연사박물관	현충사	홍릉 산림과학관
중랑하수처리사업소	철도박물관	드림랜드	전라북도	덕포진교육박물관	화폐금융박물관
	이화여대자연사박물관	국립극장	전쟁박물관	서울대학교 의학박물관	훈민정음
	조선왕조실록 / 종묘		창경궁 / 천마산	상수허브랜드	상수도연구소
	종묘제례		천문대		한국자원공사
	창경궁 / 창덕궁		태백석탄박물관		동대문소방서
	천문대 / 청계천		한강		중앙119구조대
	태백석탄박물관		한국민속촌		
	판소리 / 한강		해인사 고려대장경과 장경판전		
	한국민속촌		화폐금융박물관		
	해인사 고려대장경과 장경판전		중남미문화원		
	호림박물관		첨성대		
	화폐금융박물관		절두산순교지		
	훈민정음		천도교 중앙대교당		
	온양민속박물관		한국에너지기술연구원		
	아인스월드		한국자수박물관		
			초전섬유퀼트박물관		